BEI GRIN MACHT SICH IHR WISSEN BEZAHLT

- Wir veröffentlichen Ihre Hausarbeit, Bachelor- und Masterarbeit

- Ihr eigenes eBook und Buch - weltweit in allen wichtigen Shops

- Verdienen Sie an jedem Verkauf

Jetzt bei www.GRIN.com hochladen und kostenlos publizieren

Workflows in SAP-Systemen. Abgrenzung von Prozess und Workflow

Philipp Euker

Bibliografische Information der Deutschen Nationalbibliothek:

Die Deutsche Nationalbibliothek verzeichnet diese Publikation in der Deutschen Nationalbibliografie; detaillierte bibliografische Daten sind im Internet über http://dnb.d-nb.de abrufbar.

ISBN: 9783346939784
Dieses Buch ist auch als E-Book erhältlich.

© GRIN Publishing GmbH
Trappentreustraße 1
80339 München

Druck und Bindung: Books on Demand GmbH, Norderstedt Germany
Gedruckt auf säurefreiem Papier aus verantwortungsvollen Quellen

Das Buch bei GRIN: https://www.grin.com/document/1393954

FOM Hochschule für Oekonomie & Management
Standort Köln

Berufsbegleitender Studiengang zum Wirtschaftsinformatiker

7. Semester

Seminararbeit zum Thema

Abbildung von Workflows in SAP-Systemen

Autor: Philipp Euker

Abgabedatum: 24. November 2016

Inhaltsverzeichnis

Abbildungsverzeichnis

1 Einleitung

Die Geschwindigkeit, in der ein Unternehmen in der Lage ist zu arbeiten, bestimmt heutzutage einen Großteil seines Erfolges. Deshalb ist es der Wille vieler Unternehmer, die Geschwindigkeit der Prozesse seiner Unternehmung zu beschleunigen.

Eine Möglichkeit Prozesse zu beschleunigen ist, diese zu automatisieren.

Da sich diese Seminararbeit mit der Umsetzung einer solchen Prozessautomatisierung im ERP-System „SAP" beschäftigt, folgt nun, zur Klarstellung der Positionierung des Unternehmens im Markt einleitend eine grafische Darstellung der Verteilung des weltweiten Umsatzes von ERP-Software:

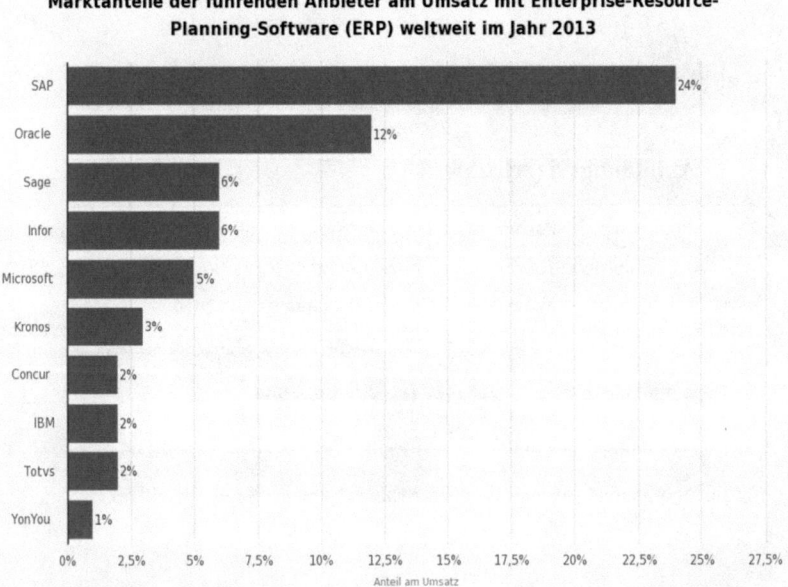

Abbildung 1: Forbes. n.d. Marktanteile der führenden Anbieter am Umsatz mit Enterprise-Resource-Planning-Software (ERP) weltweit im Jahr 2013. Statista. Zugriff am 21. November 2016. Verfügbar unter https://de.statista.com/statistik/daten/studie/262342/umfrage/mark

Hier ist klar zu erkennen, dass SAP mit einem Umsatzanteil von 24% zu den größten Anbietern im Bereich der ERP-Software gehört.

Ziel eines Anbieters einer solchen Software ist, dem Nutzer die Bearbeitung möglichst aller betriebswirtschaftlichen Eventualitäten innerhalb der eigenen Software anzubieten.

Weitergehend kann die ERP-Software durch Customizing auf die Ansprüche des Kunden bestmöglich angepasst werden.

Die manuelle Ausführung einzelner Arbeitsschritte ist ein großer Kostentreiber in den Unternehmen. Daher lohnt es sich die jeweiligen Prozesse zu analysieren, indem einzelne Tätigkeiten herausgefiltert werden. Daraufhin sollten eben diese Vorgänge auf ihre Automatisierbarkeit hin überprüft werden. Für ihre spätere Implementierung bietet SAP in seinem Portfolio Schnittstellen zu Prozessmodellierungsprogrammen, wie zum Beispiel Aris, an. Außerdem besteht auch die Möglichkeit einfache Workflows direkt in der ERP-Software nachzubilden und zu konfigurieren. Dafür stellt SAP die Werkzeuge SAP Business Workflow bzw. WebFlow Engine bereit.[1]

Durch ein effektives Workflow Management lassen sich die entsprechenden Geschäftsprozesse reibungslos, teilweise automatisiert und zusätzlich kosteneffizient gestalten und in die Software implementieren.[2]

2 Abgrenzung

Zum besseren Verständnis wird zunächst die eigentliche Definition eines Workflows und eines Prozesses erläutert.

2.1 Prozess

Der Fokus dieser Arbeit liegt auf einem Prozess innerhalb eines Unternehmens, beziehungsweise maximal mit Schnittstelle zu einem anderen Unternehmen. Man spricht daher auch von einem Geschäftsprozess.

„Ein Geschäftsprozess besteht aus einer zusammenhängenden abgeschlossenen Folge von Tätigkeiten (Aktivitäten), die zur Erfüllung einer betrieblichen Aufgabe notwendig sind. Die Tätigkeiten werden von Aufgabenträgern in organisatorischen Einheiten mit ihrer Aufbau- und Ablauforganisation unter Nutzung der benötigten Produktionsfaktoren

---

[1] vgl. SAP Library

[2] Funk et al (2010), S. 58

geleistet."[3] Da ein Geschäftsprozess per Definition aus mehreren einzelnen Aktivitäten bzw. fachlichen Anforderungen besteht, lässt sich dieser auch wieder in jene, so genannte Teilaufgaben, zerlegen.[4] „Diese Teilaufgaben können wiederum von unterschiedlichen Aufgabenträgern wahrgenommen werden, die wiederum verschiedenen Organisationseinheiten angehören."[5] Ein Prozess berührt demnach mehrere Abteilungen, liegt also quer zur klassischen Aufbauorganisation und verbraucht stets Unternehmensressourcen.[6]

Hier als Beispiel der Kernprozess in einem klassischen Handelsunternehmen in sehr komprimierter Form:

Abbildung 2: Beispiel Kernprozess Handel

Der Kernprozess besteht im Wesentlichen aus den drei Unterteilungen „Einkauf", „Lagerhaltung" und „Verkauf". Jeder dieser drei Bereiche ist selbstverständlich für sich nochmal in einzelne Teilprozesse aufgeteilt. „Quer zur klassischen Aufbauorganisation" bedeutet in diesem Fall, das alle drei Teilprozesse in jeweils einer anderen Abteilung stattfinden. Der Einkauf findet in der Beschaffung statt, die Einlagerung im Lager und der Verkauf der Ware im Vertrieb. Der Beispielprozess zieht sich also einmal durch die drei Abteilungen.

---

[3] Staud (2006), S. 9

[4] Staud (2006), S.7ff

[5] Funk et al (2010), S. 13

[6] vgl. Funk et al (2010), S. 13

2.2 Workflow

Ein Workflow entsteht aus zuvor definierten Prozessen. Man spricht hier auch von einer automatisierten Ausführung von Prozessen.[7]

Voraussetzung hierfür ist ein zuvor definiertes Prozessmodell um einen Gesamtzusammenhang der Prozesse zu verdeutlichen. Danach können einzelne Teile des Prozesses, entweder in Kombination mit Teilen anderer Prozesse, oder alleine in einen Workflow gewandelt werden.

Die folgende Grafik stellt die Abhängigkeiten anschaulich dar:

Abbildung 2: Zusammenhang Prozess – Workflow

Workflows dienen der Beschleunigung der Durchführung von Prozessen und sollen deren reibungslosen Ablauf verbessern. Oft wird die Einführung von Workflows zur Optimierung beziehungsweise zur Überarbeitung der Geschäftsprozesse genutzt. Sind mehrere Workflows vorhanden, bietet sich die Nutzung eines Workflow-Management-Systems an. In ihm können die Workflows in einen Zusammenhang gebracht, verwaltet und editiert werden.

„Ein Workflow-Management-System unterstützt die Abwicklung von Geschäftsprozessen, indem sie automatisch nach vordefinierten Regeln Dokumente, Informationen oder Aufgaben zu den jeweiligen Bearbeitern (Arbeitsplätzen) weiterleiten, entsprechend dem Bearbeitungsschritt die notwendigen Daten und Anwendungen bereitstellen und Fristen und Ausnahmesituationen überwachen."[8] Durch ein solches System können ganze Teile des Arbeitsflusses überschaubar gemacht, sowie Synergieeffekte aufgezeigt werden. „Der Arbeitsfluss kann streng vorgeschrieben oder flexibel gestaltet werden."[9] „Beim

---

[7] vgl. Hansen Neumann (2009), S. 573

[8] vgl. Hansen Neumann (2009), S. 573

[9] ebd.

Einsatz von Workflowmanagementsystemen können monetäre und nicht-monetäre Nutz-effekte unterschieden werden"[10]

- monetäre Nutzeffekte

Zu den monetären bzw. messbaren Werten gehören Gewinne im Bereich der zeit-lichen Effizienz. Die gelingt hauptsächlich die die Verringerung von Transport- und Liegezeiten. So muss der einzelne Vorgang nicht mehr komplett ausgedruckt und manuell zum nächsten zuständigen Bearbeiter gebracht werden, sondern nur die relevanten Informationen werden der entsprechenden Person elektronisch zur Verfügung gestellt. Dadurch entstehen Verkürzungen, welche direkt messbar sind. Wie bereits angemerkt verkürzt sich außerdem die Liegezeit des einzelnen Vorgangs. Der entsprechende Mitarbeiter wird elektronisch informiert, wenn neue Aufgaben vorliegen. Im Idealfall geschieht die Zuweisung der Aufgaben, der Aus-lastung des einzelnen Mitarbeiters entsprechend. Das Workflow-Management-System nimmt dabei eine jeweilige Priorisierung der Vorgänge nach vorheriger Definition selbständig vor.[11]

- Nicht-monetäre Nutzeffekte

Die „erhöhte Transparenz bei der Prozessausführung" trägt als nicht-monetärer Effekt zu einer „besseren Auskunftsfähigkeit" bei. Das ermöglicht eine „direkt Ansprache des aktuell Zuständigen" und führt zu einer „geringeren Rückruf-quote". Manuelle Eingriffe in Arbeitsverteilung und –umverteilung müssen aber dennoch möglich bleiben.[12]

---

[10] Rosemann et al (2010), S. 388

[11] vgl. Becker et al (2012), S. 373

[12] ebd.

3 Abbildung von Workflows in SAP-Systemen

Wie bereits oben beschrieben sollen Workflows der automatisierten Ausführung von Prozessen bzw. Teilprozessen in einem Unternehmen dienen. Die Standardsoftware SAP bietet durch sein Workflow Management eine Unterstützung bei der schnellen und transparenten Implementierung von automatischen Prozessen.[13]

SAP bietet dafür den so genannten SAP Business Workflow. „Mit Business Workflows lassen sich betriebswirtschaftliche Geschäftsprozesse leicht definieren, selbst wenn diese noch nicht im SAP-System abgebildet sind. Die Möglichkeiten reichen von einem simplen Freigabe- bzw. Genehmigungsverfahren, bis die komplexe, abteilungsübergreifende Anlegen von Materialstämmen. Vorgänge, die regelmäßig wiederholt werden oder ein Geschäftsprozess, der mehrere Bearbeiter benötigt, sind besonders effiziente Anwendungsbereiche für SAP Business Workflow. Es lässt sich aber auch einsetzen, wenn Dinge auftreten, die nicht erwartet werden. Eine Vielzahl von Workflows sind bereits als Vorlagen in SAP enthalten. Sie lassen sich ohne großen Aufwand implementieren. SAP Business Workflow bedient sich bereits vorhandenen Transaktionen und ändert die Funktionen der Software nicht. Vorhandene Funktionen können zu neuen Geschäftsprozessen zusammengefügt werden, die Steuerung erfolgt dann durch das Workflow-System.[14]

Ziel ist es das Automatisierbare aus den Prozessen einer Unternehmung zu identifizieren um es dann, in Abhängigkeit mit dem SAP-System und dem dahinterstehenden Rollenkonzept jeweils als einzelne Aufgaben zu integrieren.

Aus dem Prozess werden zunächst einzelne Aufgaben herauskristallisiert. Dieser werden wiederum zu Workflows zusammengefasst. Zur Implementierung in das SAP-System wird der Workflow, zur Laufzeit, dann wieder in einzelne Workitems zerlegt.[15]

---

[13] vgl. Funk et al (2010), S. 55

[14] vgl. SAP Business Workflow (2016), S. 5

[15] vgl. Funk et al (2010), S. 60

Nachfolgend eine grafische Darstellung der Integration von Workflows in SAP:

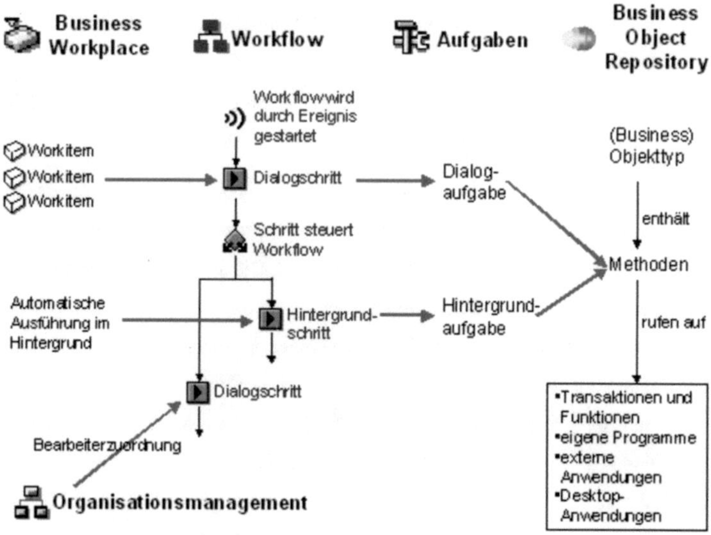

Abbildung 3: Integration Workflow in SAP

Ein Workflow wird durch ein Ereignis gestartet. Jeder einzelne Dialogschritt im Workflow wird durch Hintergrundvorgänge und Workitems beeinflusst. Aus dem Dialogschritt gehört eine Dialogaufgabe. Dialog- und Hintergrundaufgaben bilden zusammen Methoden, die Transaktionen, Funktionen, eigene Programme, externe und Desktop-Anwendungen aufrufen können. In der Aufgabenpflege müssen alle, am Geschäftsprozess beteiligten, Aufgaben identifiziert werden.[16] Es muss geklärt sein, welche Objektmethode durch welche Aufgabe ausgeführt werden soll und welche Person bzw. welcher Personenkreis dafür verantwortlich ist.[17] Eine Aufgabe wird über die Auswahl von Objekttyp, Methode und möglichen Bearbeiter definiert. Die angesprochenen Methoden befinden sich im Business Object Repository. In ihm sind die Business Objects enthalten. Methoden, Attribute und Ereignisse lassen sich im Business Object Repository abgleichen. Die

---

[16] vgl. SAP Business Workflow (2016), S. 6

[17] ebd.

hilft bei der Eingruppierung in die Hierarchie der Anwendungskomponenten. Eine generische Suche nach Namensbestandteilen ist möglich. Ein im Business Object Repository gefundener Objekttyp lässt sich ohne weitere Modifikationen verwenden. Es kann aber auch ein neuer bzw. eigener Objekttyp erzeugt werden.[18]

Workitems werden in einer Worklist verwaltet. Wiederkehrende Aufgaben sind Teil einer Workflow Definition. Diese kann einen bestimmten Workflow auslösen. SAP selbst bringt eine Vielzahl von Vorlagen so genannter Workflow-Muster, entsprechend vorkommender betriebswirtschaftlicher Vorgänge, mit. Es können hier auch eigene Muster hinzugefügt werden.[19]

SAP Business Workflow lässt sich als Framework zur Erstellung eigener Workflows nutzen. Der Workflow Builder stellt hier das zentrale Werkzeug zur Erstellung dar. In ihm können Workflow-Definitionen erstellt, angezeigt, bearbeitet getestet und veröffentlicht werden. Der Workflow Builder stellt die Workflow-Definition grafisch dar. Gespeichert werden Workflows in einer Workflow-Konfiguration. Außerdem kann eine Vielzahl von Workflow Wizards genutzt werden. Für die textuelle Ansicht bietet sich der, ebenfalls integrierte, alphanumerische Workflow-Editor an.[20]

Die grafische Oberfläche des Workflow-Builder ist folgendermaßen aufgebaut:

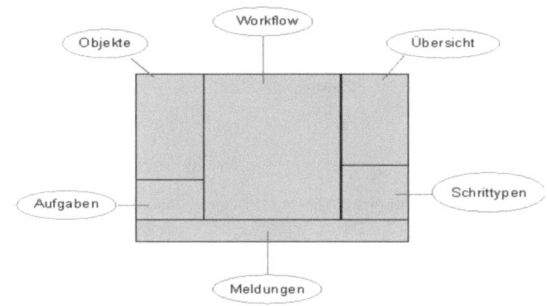

Abbildung 4: Aufbau Workflow-Builder; Quelle: SAP 2016, S. 60

---

[18] vgl. SAP Business Workflow (2016), S. 6

[19] ebd.

[20] ebd.

Folgend nun eine Erklärung der Grafik:[21]

- Workflow

  Hier können in die Workflow-Definition neue Schritte hinzugefügt oder bereits vorhandene geändert werden.

  Es kann unter drei unterschiedlichen Darstellungsformen gewählt werden:[22]

  - o NoEPCs (ohne ereignisgesteuerte Prozessketten)

    Anzeige aller Ereignisse (inklusive Beginn und Ende) als Symbole. Ausgänge werden textuell angezeigt.

  - o EPCs (ereignisgesteuerte Prozessketten)

    Ereignisse, Ausgänge, Schritte und Operatoren werden angezeigt.

    Die Darstellungsformen zeigen sich wie folgt:

    - Schritte → grüne Rechtecke
    - Auslösende Ereignisse und Ausgänge → rote Sechsecke
    - Operatoren → Kreise

    Innerhalb der grafischen Symbole wird die Schrittbezeichnung angezeigt.

  - o ClassicEPCs (Klassische ereignisgesteuerte Prozessketten)

    Alles auslösenden Ereignisse, Ausgänge, Schritte und Operatoren werden angezeigt.

    Hier stellt sich die Darstellungsform wie folgt dar:

    - Schritte → grüne Rechtecke
    - Auslösende Ereignisse, Ausgänge und Operatoren → Kreise

    Neben der Schrittbezeichnung wird die Knotennumer und der Knotentyp angezeigt. Nicht angezeigt wird hingegen der Schritttypbereich.

- Übersicht

  Anzeige der Übersichtsgrafik.

---

[21] vgl. SAP (2016), S. 60

[22] vgl. SAP (2016), S. 37

- Schritttypen

  Anzeige alle Schritttypen, die im Workflow verwendet werden können. Voraus-
  gesetzt ist der Änderungsmodus.

- Aufgaben

  Anzeige aller Aufgaben, die in die Workflow-Definition eingefügt werden können.

- Objekte

  Anzeige der Objekte des Workflows in Abhängigkeit von der Darstellung der
  Workflow-Definition. Außerdem werden hier zusätzlich Containerelemente des
  Workflow-Container und die Dokumentenvorlagen angezeigt. Objekte in der
  Liste können direkt geändert oder neu angelegt werden.

- Meldungen

  Anzeige aller Meldungen, die bei Verwendung und Prüfung generiert werden.

Zur Automatisierung, Ausführung und Überwachung von Aufgaben innerhalb von SAP
wurde das Business Task Management entwickelt. Funktionen, welche einem Workflow
zur Verfügung gestellt werden sollen, müssen im Business Object Builder definiert und
analysiert werden. Der Workflow greift auf die einzelnen Business Objekte innerhalb der
Laufzeit, der wiederverwendbaren Aufgabe, zu. Im Business Workflow Explorer gibt es
eine Übersicht aller existierenden Aufgaben.[23]

Sollen unternehmensübergreifende Workflows implementiert werden, kann sich den
WebFlow-Funktionen bedient werden. Hier werden alle benötigten Daten als XML-Datei
exportiert und übermittelt.[24]

Workflows lassen sich in SAP aber nicht nur über die eigenen Werkzeuge erstellen, sondern können auch zum Beispiel über ARIS, als Prozess erstellt, und mittels spezieller
Schnittstelle in das ERP-System implementiert werden. Modellierte Geschäftsprozesse
lassen sich so möglichst einfach in das System integrieren und in automatisierte

---

[23] vgl. SAP Business Workflow (2016), S. 5

[24] ebd.

Workflows wandeln. Im Falle der Verbindung von ARIS mit SAP hat die IDS Scheer AG hier eigens den „ARIS Business Architect for SAP NetWeaver" entwickelt. Die Nutzung dieses Werkzeuges lässt die Beachtung einer Reihe von Abhängigkeit zu, die bereits bei der Konzipierung eines Geschäftsprozesses für die spätere Umsetzung als automatisierten Workflow in einem ERP-System zu beachten sind. Geschäftsprozesse lassen sich so aus fachlicher Sicht konzipieren und, den (betriebswirtschaftlichen) Ansprüchen von SAP gerecht werdend, integrieren. Die Vorgehensweise hier lässt sich in drei Schritte unterteilen:[25]

1. Process Architecture Model

   Rein betriebswirtschaftliche Ausarbeitung der Geschäftsprozesse. Definition der Soll-Prozesse ohne Rücksicht auf die Software. Als Ergebnis erhält man hier das Business Modell.

2. Process Configuration Model

   Hier wird das Business Modell in ein Modell zur Prozesskonfiguration überführt. Außerdem werden Anpassungen zur Implementierung in SAP vorgenommen, sowie entsprechende Werte für das Monitoring definiert. Die entwickelten Modelle lassen sich mit dem SAP Solution Manager abgleichen.

3. Process Execution Model

   Nach dem Abgleich werden nun die Modelle konkret zur Ausführung innerhalb von SAP genutzt.

Der Endanwender bekommt im Business Workplace eine Übersicht der auszuführenden Tätigkeiten. Er kann sich aber alternativ auch in der Workflow Inbox MiniApp oder im iView Universal Worklist des Enterprise Portals einen Überblick verschaffen.[26]

---

[25] vgl. Funk et al (2010), S. 74ff

[26] vgl. SAP Business Workflow (2016), S. 5

4 Fazit

Die Einführung einer workflowgesteuerten Umgebung in SAP kann einen hohen Aufwand bedeuten. Obwohl das SAP-System bereits viele integrierte Workflows mit sich bringt, sind zumeist doch noch umfangreiche Anpassungen nötig. Werden komplett eigenentwickelte Workflows anhand, vielleicht spezieller, Geschäftsprozesse in das System integriert, kann dies schnell eine Welle von nötigen Anpassungen nach sich ziehen. Der Geschäftsprozess selbst muss eventuell erst an das System angepasst werden, was dann auch eine Anpassung außerhalb der ERP-Umgebung bedeutet.

Die Fähigkeiten zur Automatisierung und Skalierbarkeit, welche SAP durch sein Workflow Management mit sich bringt, sind dennoch Pflicht um die ERP-Software, dem Zeitgeist entsprechend, weiter zu entwickeln. Die Digitalisierung schreitet voran und beschränkt sich dabei nicht nur auf die klassischen automatisier- und digitalisierbaren Vorgänge im Produktionsbereich.

5 Ausblick

Mit Sicherheit wird die Automatisierung in Unternehmen zunehmen. Der momentane Trend der Digitalisierung treibt die Unternehmen in diese Richtung. Wie bereits erwähnt schreitet die Digitalisierung voran und wird sich auch im Bereich der Geschäftsprozesse und Workflows immer mehr durchsetzen.

Bisher ist der Mensch noch in der Pflicht automatisierbare Vorgänge zu identifizieren und umzusetzen. Durch den einsetzenden Trend der künstlichen Intelligenz (artificial intelligence) wird es bald so sein, das die ERP-Software selbst entscheidet, welche Vorgänge automatisiert werden könnten. Als Grundlage hierfür wir die bereits 2011 eingeführte Datenbank-Cloud-Plattform Hana dienen.[27] Setzt sich diese Technologie durch, werden in Zukunft ganze Abteilungen von Unternehmen von künstlicher Intelligenz gesteuert werden. Der Mensch wird sich auf die rein strategisch planerischen Aufgaben konzentrieren können.

---

[27] Räth (2016)

6 Literaturverzeichnis

Becker, Jörg, Martin Kugeler, und Michael Rosemann. 2012. *Prozessmanagement*. Berlin: Springer.

Funk, Burkhardt, Jorge Marx Gomez, Peter Niemeyer, und Frank Teuteberg. 2010. *Geschäftsprozessintegration mit SAP*. Heidelberg: Springer.

Neumann, und Hansen. 2009. *Wirtschaftsinformatik 1*. Stuttgart: UTB.

Rosemann, und Ouyang. 2010. *Zur Wirtschaftlichkeit von Workflowanwendungen*.

Staud, und L. Josef. 2006. *Geschäftsprozessanalyse*. Berlin: Springer.

SAP. 2016. *Modellierung von Workflows*. Dokumentation. 03.

SAP. 2016. *Tutorial: Workflow-Modellierung*. Dokumentation. 06. 03.

—. 2016. *SAP Business Workflow*. 22. 11. Zugriff am 22. 11 2016. http://help.sap.com/saphelp_nw70ehp2/helpdata/de/a1/172437130e0d09e10000 009b38f839/frameset.htm.

—. kein Datum. *SAP Library*. Zugriff am 23. 11 2016. https://help.sap.com/saphelp_nw70ehp2/helpdata/de/a1/172437130e0d09e10000 009b38f839/frameset.htm.

Räth, Gerog. 2016. *Gründerszene*. 23. 11. Zugriff am 23. 11 2016. http://www.gruenderszene.de/allgemein/sap-kuenstliche-intelligenz.